北京市消防条例

中国法治出版社

北京市消防条例
BEIJING SHI XIAOFANG TIAOLI

经销/新华书店
印刷/保定市中画美凯印刷有限公司

开本/850 毫米×1168 毫米　32 开	印张/1.5　字数/20 千
版次/2025 年 4 月第 1 版	2025 年 4 月第 1 次印刷

中国法治出版社出版
书号 ISBN 978-7-5216-5242-0　　　　　　　　　定价：7.00 元

北京市西城区西便门西里甲 16 号西便门办公区
邮政编码：100053　　　　　　　　　传真：010-63141600
网址：http：//www.zgfzs.com　　编辑部电话：010-63141673
市场营销部电话：010-63141612　　印务部电话：010-63141606

（如有印装质量问题，请与本社印务部联系。）

目　　录

北京市人民代表大会常务委员会公告
〔十六届〕第 34 号 …………………………………（1）
北京市消防条例 ……………………………………（2）

北京市人民代表大会常务委员会
公　告

〔十六届〕第 34 号

《北京市消防条例》已由北京市第十六届人民代表大会常务委员会第十六次会议于 2025 年 3 月 26 日修订通过，现予公布，自 2025 年 5 月 1 日起施行。

北京市第十六届人民代表大会常务委员会

2025 年 3 月 26 日

北京市消防条例

（1996年9月6日北京市第十届人民代表大会常务委员会第三十次会议通过 1998年9月17日北京市第十一届人民代表大会常务委员会第五次会议第一次修订 根据2002年3月29日北京市第十一届人民代表大会常务委员会第三十三次会议通过的《北京市消防条例修正案》修正 2011年5月27日北京市第十三届人民代表大会常务委员会第二十五次会议第二次修订 2025年3月26日北京市第十六届人民代表大会常务委员会第十六次会议第三次修订）

目 录

第一章 总 则
第二章 消防安全责任
第三章 火灾预防
第四章 宣传教育

第五章　消防组织

第六章　灭火救援

第七章　监督检查

第八章　法律责任

第九章　附　则

第一章　总　则

第一条　为了预防火灾和减少火灾危害，加强应急救援工作，保护人身、财产安全，维护公共安全，根据《中华人民共和国消防法》等有关法律、行政法规，结合本市实际，制定本条例。

第二条　本市行政区域内的机关、团体、企业、事业等单位及个人，应当遵守本条例。

森林、军事设施、铁路、民航、矿井地下部分的消防工作，国家另有规定的，从其规定。

第三条　消防工作贯彻预防为主、防消结合的方针，按照政府统一领导、部门依法监管、单位全面负责、公民积极参与的原则，实行消防安全责任制，建立健全社会化的消防工作网络。

第四条　市、区人民政府领导本行政区域内的消防工作，制定消防事业发展专项规划并纳入国民经济和社会发展规划，确定本级人民政府有关部门和下级人民政府的消防安全职责，将消防事业经费纳入财政预算，并随着经济社会发展逐步增加。

第五条 市、区人民政府应急管理部门对本行政区域内的消防工作实施监督管理，并由本级人民政府消防监管部门（综合性消防救援队）负责实施。

第六条 任何单位和个人都有维护消防安全、保护消防设施、预防火灾、报告火警的义务。任何单位和成年人都有参加有组织的灭火工作的义务。

第七条 机关、团体、企业、事业等单位应当依法履行法律、法规规定的单位消防安全职责，对本单位的消防安全负责。

有固定经营场所的个体工商户应当遵守《中华人民共和国消防法》和本条例关于单位消防安全职责的规定。

第八条 消防协会和其他有关行业协会应当建立健全行业消防安全自律机制和管理制度，制定从业规范，宣传消防法律、法规和专业知识，培训相关从业人员，对相关单位的消防工作进行指导。

第九条 本市鼓励有关企业、事业单位、科研机构开展消防科学技术研究和创新，鼓励消防组织运用先进科技成果提升灭火救援能力。

第二章 消防安全责任

第十条 市、区人民政府应当履行下列消防安全职责：

（一）建立健全防火安全委员会和消防工作联席会议制度，研究并协调解决消防工作中的重大问题；

（二）保障公共消防设施建设和消防业务经费的投入；

（三）建设国家综合性消防救援队、专职消防队；

（四）制定并组织实施年度及重点防火期消防工作计划；

（五）组织政府有关部门开展消防安全检查；

（六）对下一级人民政府完成年度消防安全责任目标情况进行考核、评比；

（七）对本级人民政府有关部门履行消防安全职责的情况进行监督检查；

（八）其他依法应当履行的消防安全职责。

市、区人民政府防火安全委员会组织、指导、监督本级人民政府有关部门和下级人民政府履行消防工作职责，协调消防基础设施建设、消防组织建设等重大事项，督促重大火灾隐患整改。

防火安全委员会办事机构设在本级消防监管部门。

第十一条 乡镇人民政府和街道办事处应当履行下列消防安全职责：

（一）明确负责本辖区消防工作的具体机构和人员，落实消防安全责任制，保障消防工作经费；

（二）推行消防安全网格化管理，组织开展日常消防安全检查和专项治理，督促火灾隐患整改；

（三）根据经济发展和消防工作需要建立专职消防队、志愿消防队，承担火灾扑救工作；

（四）指导村民委员会、居民委员会开展群众性消防工作；

（五）开展日常消防安全宣传教育；

（六）协助灭火救援、火灾事故调查和善后处理工作；

（七）其他依法应当履行的消防安全职责。

第十二条 消防监管部门应当履行下列消防安全职责：

（一）开展消防法律、法规宣传，组织指导社会消防力量建设，根据需要对单位消防安全工作进行指导培训；

（二）实施公众聚集场所投入使用、营业前消防安全检查；

（三）根据需要制定灭火预案并进行实地演练；

（四）实施消防监督检查，依法处理消防安全违法行为和火灾隐患；

（五）统一组织和指挥火灾现场扑救，承担重大灾害事故和其他以抢救遇险人员生命为主的应急救援工作；

（六）对乡镇人民政府和街道办事处履行消防安全职责进行指导和培训，明确消防安全检查标准；

（七）对专职消防队、志愿消防队等消防组织进行业务指导；

（八）承担重大活动消防安全保卫任务；

（九）其他依法应当履行的消防安全职责。

第十三条　规划和自然资源、住房城乡建设等部门依法履行建设工程消防设计审查、消防验收、备案和抽查等消防安全职责，查处相关违法行为。

第十四条　教育、民政、住房城乡建设、城市管理、交通、农业农村、水务、商务、文化和旅游、卫生健康、文物、国防动员、经济和信息化、民族宗教、人力资源社会保障、体育、园林绿化、邮政管理等部门，根据管行业必须管安全、管业务必须管安全、管生产经营必须管安全的原则，建立健全行业、领域消防安全管理制度，落实行业消防安全管理责任，督促有关单位依法落实消防安全主体责任，及时消除火灾隐患。

消防监管部门行使消防安全综合监管职能，统筹协调、组织指导有关部门履行消防安全职责，推动落实消防安全责任制。

新兴行业、领域的消防安全管理职责不明确的，由市人民政府按照业务相近的原则确定管理部门。

第十五条 村民委员会、居民委员会应当确定消防安全管理人，组织村民、居民制定防火安全公约，开展消防宣传教育，协助实施消防安全网格化管理。

第十六条 单位应当履行下列消防安全职责：

（一）建立健全全员消防安全责任制，制定本单位的消防安全制度、消防安全操作规程，制定灭火和应急疏散预案并组织演练；

（二）按照国家标准、行业标准配置消防设施、器材，设置消防安全标志，并定期组织检验、维修，确保完好有效；

（三）按照检测规范对建筑消防设施每年至少进行一次全面检测，确保完好有效，不具备检测条件的应当委托符合从业条件的检测机构进行检测，检测记录应当完整准确，存档备查；

（四）保障疏散通道、安全出口、消防车通道畅通，保证防火防烟分区、防火间距符合消防技术标准；

（五）组织防火检查，对发现的火灾隐患采取消防安全防范措施，及时消除火灾隐患；

（六）组织进行有针对性的消防演练，对消防设备操作控制人员、专职和兼职防火人员等重点岗位的人员进行专项培训；

（七）按照消防技术标准和管理规定，对电器设备、燃气用具及其线路、管路进行检测、维护和管理；

（八）按照国家标准设置消防控制室，执行二十四小时值班制度，每班值班人员不得少于二人，值班人员应当遵守操作规程，不得擅离职守。按照国家标准实现远程操作控制的，可以单人值班；

（九）其他依法应当履行的消防安全职责。

单位的主要负责人是本单位消防安全第一责任人，对本单位消防安全工作全面负责；其他分管负责人对职责范围内的消防安全工作负责。

第十七条 消防安全重点单位除应当遵守本条例第十六条规定外，还应当履行下列消防安全职责：

（一）确定消防安全管理人，组织实施本单位的消防安全管理工作；

（二）建立消防档案，确定消防安全重点部位，设置防火标志，实行严格管理；

（三）实行每日防火巡查，并建立巡查记录；

（四）对职工进行岗前消防安全培训，每年至少组织一次消防安全培训，每半年至少组织一次有针对性的消防演练；

（五）按照电气防火技术标准和管理规定定期对电气防火安全进行检测，检测记录应当完整准确，存档备查。

第十八条 个人除应当遵守本条例第六条规定外，还应当履行下列消防安全义务：

（一）遵守消防法律、法规和消防安全规定；

（二）遵守本单位制定的消防安全制度和安全操作规程，参加消防安全教育培训和消防演练；

（三）学习消防安全知识，掌握必要的火灾预防、报警、灭火和逃生的方法；

（四）安全用火、用电、用油、用气；

（五）对未成年人进行消防安全教育。

本市鼓励住宅户内配备火灾报警、灭火器、避难逃生等消防产品，支持为老年人、残疾人等家庭安装火灾联网监测预警设备。

第三章 火灾预防

第十九条 市消防监管部门、市规划和自然资源部门应当会同市发展改革、市住房城乡建设等部门组织编制消防专项规划。消防专项规划应当包括消防安全布局、消防站、消防供水、消防通信、消防车通道、消防装备、消防安全监控系统等内容。消防专项规划经市人民政府批准后由有关部门按照各自职责实施，不得擅自变更。

城乡消防安全布局不适应消防安全要求的，应当及时调整、完善；公共消防设施、消防装备不足或者不适应实际需要的，应当增建、改建、配置或者进行技术改造。

城市建设、城市更新应当同步规划、设计、建设公共消防设施。

第二十条 新建、改建公共供水设施的，建设单位应当按照国家和本市标准同步建设消火栓等消防供水设施。公共供水设施尚未覆盖的区域，区人民政府应当组织建设消防取水码头、消防水池等消防储水取水设施。

公共供水设施的维护管理单位应当保障消防供水设施的正常使用，因检修、施工等原因不能保证消防供水的，应当提前告知所在区消防监管部门。消防监管部门发现消防供水设施不能正常使用的，应当通知维护管理单位及时维护、保养。

第二十一条 在城市地区新建建筑，应当建设一级、二级耐火等级建筑，控制建设三级耐火等级建筑，严格限制建设四级耐火等级建筑。在农村地区新建、改建、扩建公共建筑，应当使用符合耐火等级标准的建筑材料。

建设、设计、施工、监理单位进行建设、设计、施工、监理应当遵守前款和建筑耐火等级标准的规定。

建设工程的消防设计审查、消防验收、备案和抽查按照国家有关规定执行。

第二十二条 农村消防基础设施建设应当与村容村貌改造、乡村道路、人畜饮水工程等农村公共基础设施统一规划、建设和管理。

新建、改建、扩建农村道路时，村内主干道的路面宽度及管架、栈桥等设施跨越道路的高度，应当符合消防车辆通行要求。

第二十三条 新建、改建农村自来水管网时，应当按照规定配置消火栓。已有自来水管网但未配置消火栓的村，应当对管网进行改造，并按照规定配置消火栓。没有自来水管网的村，可以利用天然水源设置取水设施；缺乏天然水源的，可以设置消防水池等作为替代水源。

第二十四条 市消防监管部门应当制定消防安全重点单位界定标准并向社会公布。

符合标准的单位应当按照规定主动申报。消防监督检查中发现符合标准未申报的单位，消防监管部门应当按照规定确定为消防安全重点单位并告知。消防安全重点单位名录由应急管理部门报本级人民政府备案。

有关部门、乡镇人民政府和街道办事处应当督促本行业、本辖区符合标准的单位主动申报，消防监管部门、有关部门应当加强对消防安全重点单位的管理和监督检查。

第二十五条　建筑物由一个所有权人直接管理使用的，所有权人应当履行消防安全责任；由两个以上所有权人直接管理使用的，所有权人对专有部分各自履行消防安全责任，对共有部分共同履行消防安全责任。

所有权人将建筑物专有部分交由他人管理使用的，应当签订消防安全协议，明确各自的消防安全责任；未签订协议或者约定不明的，依法由所有权人承担相应的消防安全责任。管理使用人在其使用、管理范围内承担消防安全责任。所有权人应当对管理使用人落实消防安全责任和措施情况进行监督，不得向管理使用人提出危及消防安全的要求。

建筑物附属的消防车通道、登高操作场地和操作面等共用消防场地，以及报警、灭火、疏散等建筑物共用消防设施，应当由所有权人共同确定责任人实行统一管理。

第二十六条　对建筑物内共用消防设施和器材进行检测、维修、更新、改造所需的经费，保修期内由建设单位承担；保修期满的，按照物业专项维修资金的管理规定列支；未建立物业专项维修资金的，由业主约定承担；没有约定或者约定不明确的，按照业主专有部分面积所占比例确定。

乡镇人民政府和街道办事处应当对业主约定或者确定共用消防设施和器材维护费用的有关事项给予协调和指导。

第二十七条 住宅区的物业服务企业或者其他管理人应当做好下列消防安全工作：

（一）开展日常消防安全宣传教育，提示火灾隐患，组织居民进行灭火和应急疏散演练。

（二）组织安全巡查，发现火灾隐患及时采取措施。

（三）对管理区域内的共用消防设施、器材进行维护管理，确保完好有效。

（四）保障疏散通道、安全出口、消防车通道畅通，划定和设置停车泊位及设施时不得占用、堵塞消防车通道。

（五）对占用、堵塞、封闭疏散通道、安全出口、消防车通道的行为予以劝阻并督促改正；对拒不改正的，及时向消防监管部门、属地乡镇人民政府或者街道办事处报告。

（六）对初起火灾采取必要的处置措施。

第二十八条　高层建筑的管理使用人应当遵守下列消防安全规定：

（一）成立消防安全组织统一管理消防工作，或者配备防火负责人和从事消防设施管理、维护的专职技术人员；

（二）按照国家和本市的消防技术标准和管理规定，整改、消除火灾隐患；

（三）清除高层建筑周边、消防扑救场地上空妨碍登高消防车作业的建筑、设施、设备；

（四）在出入口、电梯口、防火门等醒目位置设置提示火灾危险性、安全逃生路线、安全出口、消防设施器材使用方法的明显标志和警示标语；

（五）设置安全疏散路线指导图；

（六）不得生产、经营、储存易燃易爆危险品；

（七）加强消防水泵、消火栓、喷淋灭火系统的日常管理，每季度至少进行一次带水运行测试；

（八）按照标准配备自救呼吸器、逃生缓降器、逃生绳等逃生疏散设施器材；

（九）需要暂时停用消防设施、器材的，采取有效替代措施；停用消防设施、器材超过二十四小时的，报告所在地消防监管部门。

建筑高度超过一百米的高层公共建筑的管理使用

人,应当确定专职消防安全管理人员,且至少一名消防安全管理人员应当具有注册消防工程师资格。

本市倡导高层建筑的管理使用人配备救援哨、疏散用手电筒、软梯、救生袋等自救工具。

第二十九条 大型商业综合体的经营管理人应当遵守下列消防安全规定:

(一)与商户签订消防安全协议,明确商户消防安全责任范围和责任人,建立健全消防安全考核制度;

(二)每月至少进行一次建筑消防设施单项检查,每半年至少进行一次联动检查;

(三)对商户员工开展上岗前消防安全培训,每半年至少开展一次在岗消防安全培训;

(四)设置、调整商户经营区域和布局应当符合平面布置、防火分区、安全疏散等消防安全要求;

(五)商户营业时间不一致的,应当为营业商户保留符合规定的疏散通道、安全出口;

(六)组织商户建立区域消防联防机制,协同开展防火巡查、处置初起火灾。

第三十条 人防工程和普通地下室的管理使用人应当遵守下列消防安全规定:

(一)维修消防设施时采取有效的替代措施;

(二)不得生产、经营、储存易燃易爆危险品;

（三）不得占用安全出口外的人员疏散场地；

（四）不得使用液化石油气；

（五）不得变更规划使用功能。

第三十一条 建设工程的施工单位对建设工程施工现场的消防安全负责，并遵守下列规定：

（一）确定施工现场的主要负责人作为消防安全责任人，负责施工现场的消防安全工作，并指定专人负责日常消防安全管理工作。

（二）建立健全用火用电管理制度，规范用火用电管理，确保安装电气设备、进行电焊气焊等作业由培训合格并取得资格证书的人员按照标准规范操作；临时用电设备和电线符合产品质量标准。

（三）设置临时消防车通道并保证临时消防车通道的畅通；不得在临时消防车通道上堆物、堆料或者挤占临时消防车通道。

（四）按照消防安全管理规定存放、保管、使用施工材料。

（五）施工暂设和安全网、围网、施工保温材料符合消防安全规范，不得使用易燃、可燃材料，不得在建设工程内设置宿舍。

（六）配置消防器材，设置临时消防给水系统。对建筑高度超过二十四米的建设工程，随施工进度设置消防竖管等临时消防供水设施；在正式消防给水系统投入使用前，不得拆除或者停用临时消防供水设施。

建设工程施工实行总承包和分包的，由总承包单位对施工现场的消防安全实行统一管理，分包单位负责分包范围内施工现场的消防安全，并接受总承包单位的监督管理。

第三十二条 施工单位进行施工动火作业应当遵守下列消防安全规定：

（一）制定动火作业方案，明确现场相关人员的消防安全责任，确保动火作业的人员资格、作业环境、安全措施、应急处置等符合消防安全规定；

（二）按照规定办理内部动火审批手续；

（三）遵守动火作业视频监控规定，不得在监控范围外动火作业；

（四）制定灭火和应急疏散专项预案并组织演练。

人员密集场所营业使用期间禁止施工动火作业；对于医院、养老院、宾馆等二十四小时营业使用的场所或者进行设备抢修等确需施工动火作业的，除遵守前款规定外，应当采取更为严格的人员看护和应急处置等措施，确保安全。

第三十三条 本市禁止和限制使用容易引发火灾或者造成火灾蔓延的建筑材料。市住房城乡建设部门会同有关部门根据国家和本市规定，制定、公布并及时更新禁止和限制使用建筑材料的目录。

建设工程的建设、设计、施工、监理等单位，应当遵守本市禁止和限制使用建筑材料目录的要求。

第三十四条　人员密集场所的管理使用人应当做好下列消防安全工作：

（一）设置符合标准且标志明显的安全出口和疏散通道，配备应急广播、应急照明等消防设施和器材；

（二）有关工作人员应当掌握火灾应急预案的内容，熟练使用消防设施和器材，了解安全出口和疏散通道的位置及本岗位的应急救援职责；

（三）向进入场所的人员开展应急疏散宣传提示；

（四）使用天然气、液化石油气的场所，应当安装浓度检测报警装置；

（五）发生火灾时，立即组织、引导在场人员疏散。

第三十五条　医疗机构和养老、康复、托管等服务机构应当遵守下列消防安全规定：

（一）按照国家工程建设消防技术标准设置避难间及其标志，不得违规占用；

（二）按照有关规定对重点场所、部位进行二十四小时监控，组织开展日间和夜间防火巡查；

（三）为行动不便的服务对象配备呼吸面罩、担架、

轮椅等辅助疏散设备;

（四）制定针对性灭火和应急疏散预案，明确工作人员对服务对象的疏散、安置职责，并组织演练。

第三十六条 禁止在公共门厅、疏散通道、安全出口、楼梯间等区域停放电动自行车或者为电动自行车充电，禁止携带电动自行车、充电电池进入电梯轿厢。

居民住宅区、单位工作生活区等应当按照标准设置电动自行车集中停放、充电场所。电动自行车应当在指定区域停放和充电。

单位、住宅区物业服务企业应当加强电动自行车消防安全管理，组织开展日常巡查，制止违规停放、充电等行为。

第三十七条 企业使用电动自行车从事经营活动的，应当建立健全电动自行车消防安全管理制度和措施，落实消防安全管理要求。具体管理标准由消防监管部门会同有关部门制定。

鼓励企业、科研机构等单位开展电动自行车及蓄电池火灾风险防控技术研发和应用。

第三十八条 生产、储存、经营易燃易爆危险品的场所不得与居住场所设置在同一建筑物内，并应当与居住场所保持安全距离。

生产、储存、经营其他物品的场所一般不得与居住场所设置在同一建筑物内；确需设置在同一建筑物内的，应当符合国家和本市工程建设消防技术标准，生产经营区域与生活区域应当采取防火分隔措施，分别设置安全出口和疏散通道。

第三十九条 不可移动文物、历史建筑的管理使用人应当建立健全火源、电源和易燃易爆危险品管理制度，并遵守下列消防安全规定：

（一）按照消防安全规定设置禁止烟火的标志；

（二）在宗教场所确需进行点灯、烧纸、焚香等宗教活动的，应当采取有效防火措施；

（三）按照电气安全技术规程安装、使用电器设备，保证用电安全；

（四）在保护范围内禁止存放易燃可燃物品；

（五）按照消防安全规定安装避雷设施、设置消防通道和消防供水设施，在收藏、陈列珍贵文物的重点要害部位安装自动报警与灭火设施；

（六）保持保护区通道、出入口畅通，不得堵塞和占用。

市文物部门会同规划和自然资源、住房城乡建设、消防监管等部门制定本市不可移动文物修缮的消防规范和监管措施。

第四十条 进行城市轨道交通工程建设应当同步设

计、建设消防站。城市轨道交通工程建设、装饰装修应当使用符合耐火等级规定的建筑材料。

城市轨道交通运营单位应当建立重点部位的消防安全管理制度，配备与城市轨道交通消防安全相适应的专业灭火、救援设备，对工作人员开展消防应急救援和人员疏散知识技能的培训；不得在车站内存放易燃易爆危险品。

第四十一条 食品生产加工、餐饮服务企业和单位食堂，应当按照有关规定对集烟罩、排油烟管道等集排油烟设施进行清洗。

第四十二条 农村集市的主办者应当制定消防安全管理制度，确定消防管理人员，配备消防器材，保证疏散通道和消防车通道畅通；没有主办者的，集市的消防安全工作由所在地村民委员会负责。

第四十三条 村民自建住宅应当符合农村消防规划，建筑物的耐火等级、防火间距、防火分隔和安全疏散应当符合有关消防技术标准。集中出租用于居住的，应当按照标准设置不少于两部疏散楼梯或者两个安全出口，并保持畅通。村民自建住宅的消防安全管理办法，由市人民政府制定。

乡镇人民政府、辖有村庄的街道办事处及有关政府部门、村民委员会应当对村民自建住宅集中出租居住的消防安全进行指导和监督。

第四十四条　村民委员会应当成立防火安全小组，确定消防安全员，健全消防工作制度，建立消防工作档案，开展消防安全检查、巡查，及时消除火灾隐患，发生火灾时及时组织扑救。

村民委员会应当制定消防宣传教育计划，指导在农村地区居住的人员做好下列防火工作：

（一）不得在村内道路上堆物、堆料或者搭设棚屋；

（二）不得在林地附近、架空高压输电线路和通讯线路下方堆放可燃物或者燎荒；

（三）毗邻林地居住的人员使用明火时采取必要的防火措施。

第四十五条　任何单位和个人不得实施下列行为：

（一）埋压、圈占、损坏、挪用消防设施和器材；

（二）超负荷用电，安装不合规格的保险丝、保险片；

（三）擅自拆改、安装燃气设施和用具；

（四）利用住宅生产、经营、储存易燃易爆危险品，在阳台堆放易燃易爆危险品；

（五）在依法设置禁火标志的场所及其他具有火灾、爆炸危险的场所吸烟、使用明火；

（六）在公共通道、楼梯、安全出口等部位堆物、堆料或者搭设棚屋；

（七）占用消防车通道。

第四十六条　消防车通道应当设置明显标志。消防车通道标志式样由市消防监管部门统一制定。建筑物附属的消防车通道标志由建筑物的管理使用单位设置；其他区域的消防车通道标志由区消防监管部门根据需要设置。有条件的地区应当设置消防车通道标线。

任何单位和个人不得擅自改变消防车通道用途或者设置妨碍消防车通行和火灾扑救的障碍物。

国家综合性消防救援队在灭火救援时，有权强制清理占用消防车通道的障碍物。

第四十七条　建筑物管理使用人应当按照消防技术标准和管理规定设置、维护管理安全疏散设施，确保安全疏散设施符合下列消防安全规定：

（一）疏散通道、安全出口应当设置安全疏散指示标志和应急照明设施，不得予以遮挡；

（二）防火门、防火卷帘、消防安全疏散指示标志、应急照明、排烟送风、消防应急广播等设施保持正常状态；

（三）疏散通道、安全出口保持畅通，不得占用或者设置影响疏散的障碍物，不得在营业使用期间封闭安全出口。

人员密集场所应当按照规定设置一定数量、相对独立的疏散楼梯或者安全出口；设置一部疏散楼梯或者一个安全出口的，还应当依托外窗、阳台等设置相对独立的逃生口。

第四十八条 消防技术服务机构应当具备国家规定的从业条件，制定管理制度和服务质量规范，按照国家标准、行业标准、地方标准和本市规定，接受委托提供消防技术服务，并对服务质量负责。

本市建立消防技术服务信息管理系统，消防技术服务机构提供消防技术服务，应当通过信息管理系统真实、准确、完整记录服务情况；消防监管部门应当建立消防技术服务信息应用处理机制。

单位自行进行消防设施维护保养检测的，应当符合消防技术标准。

第四十九条 本市鼓励、引导公众聚集场所和生产、储存、运输、销售易燃易爆危险品的企业投保火灾公众责任保险；鼓励保险机构承保火灾公众责任保险；鼓励保险机构开展消防安全技术、产品的研发和应用。

保险机构在承保前，应当对投保单位进行火灾风险评估；承保后，应当对投保单位的消防安全状况进行检查，及时向被保险人提出消除不安全因素和隐患的书面建议，指导被保险人加强火灾预防。保险机构有权根据被保险人履行消防安全职责和火灾事故发生情况调整保险费率。

消防监管、文化和旅游、商务、财政等部门应当制定火灾公众责任保险投保、承保的鼓励、支持办法。

第五十条 本市加强智慧消防城市建设，利用云计算、物联网、大数据、人工智能等技术，构建政务服务、火灾防控、应急救援、监管执法、装备物资保障等消防工作应用体系，提升超大型城市火灾防控和应急救援水平。智慧消防应当纳入智慧城市建设总体布局，统一规划、同步建设实施。

应急管理、住房城乡建设、公安、规划和自然资源、生态环境、交通、经济和信息化、民政、市场监督管理、气象、教育、卫生健康、商务、文化和旅游、通信管理等部门以及供水、供电、供气等单位，应当与消防监管部门共享相关监管服务信息。

第五十一条 市、区人民政府应当组织建设消防安全监控系统，完善火灾防范和预警机制。

全国重点文物保护单位、市级文物保护单位，高层公共建筑，人防工程，轨道交通运营单位，人员密集场所，生产、储存、经营易燃易爆危险品的场所和按照建筑设计防火规范应当安装自动消防设施的其他建筑，应当按照消防安全标准建设实时监控设施，并按照规定向消防监管部门报送信息。

市、区消防监管部门负责单位消防实时监控设施建设、使用、维护的日常监督工作，并依托消防安全监控系统做好消防安全监测和相关信息的汇集、储存、分析、传输工作。

第五十二条 本市建立健全消防安全标准体系，推行消防安全标准化管理。

在消防安全领域有国家标准、行业标准的，应当执行国家标准、行业标准。没有国家标准、行业标准，需要在本市范围内明确消防安全标准的，由市市场监督管理部门会同市消防监管部门、市住房城乡建设等部门及时组织制定，并向社会公布。

第五十三条 电器产品、燃气用具的产品标准，应当符合消防安全的要求。

市场监督管理部门对在本市生产销售的电器产品、燃气用具的产品标准进行监督管理；有关部门发现电器产品、燃气用具不符合产品标准的，应当移送市场监督管理部门依法处理。

单位应当按照规定安装、使用电气安全防护装置，鼓励居民住宅安装、使用家庭用电安全监测预警装置。燃气用户应当按照国家和本市有关规定安装、使用符合要求的燃气燃烧器具及其连接管、燃气泄漏报警装置，并按照使用年限要求进行更换。

第五十四条 消防监管部门应当制定单位消防安全管理制度、火灾应急预案、火灾应急演练、消防安全协议示范文本,并向社会公布。

第四章 宣传教育

第五十五条 本市各级人民政府应当组织开展经常性的消防宣传教育,提高公民的消防安全意识。

乡镇人民政府和街道办事处应当指导、帮助村民委员会、居民委员会开展群众性的消防安全宣传教育工作,普及家庭防火知识。

第五十六条 消防监管部门应当加强消防法律、法规、规章及消防安全技术、知识的宣传教育;协调有关部门指导、监督社会消防安全教育培训工作;加强互联网公共消防服务平台建设,开展网络消防宣传教育和在线消防咨询。

第五十七条 国防动员、民政、住房城乡建设、文化和旅游、广播电视等部门应当结合本系统、本行业特点,开展消防宣传教育工作。

教育、人力资源社会保障等部门应当将消防知识纳入中小学和职业培训机构的教育内容,督促学校、各类培训机构组织开展多种形式的消防安全宣传教育活动。

科学技术、司法行政等部门应当将消防知识和消防法律、法规纳入科普、普法教育内容。

第五十八条 报刊、广播、电视、网站等新闻媒体应当开设消防安全宣传教育栏目,开展公益性消防安全宣传教育,免费刊播消防监管部门提供的消防公益广告,定期开展消防安全提示性宣传、火灾安全警示教育和自救互救知识普及活动。

公共交通运营单位应当通过广播、电视、宣传手册等形式,向乘客宣传防火措施、消防器材的使用方法和避难、逃生方式等消防安全知识。

第五十九条 工会、共产主义青年团、妇女联合会、残疾人联合会等团体应当结合各自工作对象的特点,组织开展消防宣传教育。

第六十条 单位应当按照有关规定开展多种形式的消防安全宣传教育和培训。宣传教育和培训内容应当包括:

(一)有关消防法律法规、消防安全制度和保障消防安全的操作规程;

(二)本单位、本岗位的火灾危险性和防火措施;

(三)有关消防设施的性能、灭火器材的使用方法;

(四)报火警、扑救初起火灾及自救逃生的知识和技能。

第六十一条 歌舞厅、影剧院、宾馆、饭店、商场、集贸市场、体育场馆、会堂、医院、客运车站、客运码头、民用机场、公共图书馆和公共展览馆等公共场所应当根据需要编印场所消防安全宣传资料供公众取阅，利用广播、视频、网络设备播放消防安全知识。

养老院、福利院、救助站等单位，应当对服务对象开展经常性的用火用电和火场自救逃生安全教育。

第六十二条 各级各类学校应当开展下列消防安全教育工作：

（一）按照教育部门的规定，将消防安全知识纳入教学内容，针对学生认知特点，有计划地进行消防安全教育；

（二）每半年组织教师、学生开展消防应急演练；

（三）确定消防安全课教员。

消防监管部门的工作人员可以担任学校的兼职消防辅导员。

第六十三条 市民防灾教育馆、市消防监管部门确定开放的消防站等应当向社会免费开放，普及消防安全知识。

第六十四条 每年11月9日为本市消防日。

本市各级人民政府和负有消防工作职责的部门应当在消防日组织开展多种形式的消防安全宣传活动。

第五章 消防组织

第六十五条 市、区人民政府应当统筹规划本行政区域内消防组织建设,形成由国家综合性消防救援队、政府专职消防队、单位专职消防队、志愿消防队等组成的消防组织网络。

第六十六条 市、区人民政府应当按照国家标准和本市消防专项规划建设国家综合性消防救援队,配备消防装备。

国家综合性消防救援队数量和布局不能满足消防工作需要的,区人民政府应当建立专职消防队,并按照国家和本市有关规定配备消防装备。

区人民政府应当根据需要,在距离国家综合性消防救援队或者区人民政府专职消防队较远的乡镇建立专职消防队。

区人民政府和乡镇人民政府应当保障专职消防队所需场地、业务经费,市人民政府给予必要的支持。

第六十七条 国家综合性消防救援队、专职消防队依照国家和本市规定承担重大灾害事故和其他以抢救遇险人员生命为主的应急救援工作。各级人民政府应当为国家综合性消防救援队、政府专职消防队开展应急救援工作配备相应的应急救援装备,并保障工作所需经费。

各级人民政府应当按照国家和本市规定,建立健全国家综合性消防救援队、政府专职消防队在薪酬保险、职业荣誉、职业优待、伤亡抚恤等方面的综合保障机制。

第六十八条 下列单位应当建立专职消防队,承担本单位的火灾扑救工作:

(一)大型发电厂;

(二)生产、储存易燃易爆危险物品的大型企业;

(三)储备可燃的重要物资的大型仓库、基地;

(四)距离国家综合性消防救援队、政府专职消防队较远的其他火灾危险性较大的大型企业。

建立专职消防队的单位应当保障专职消防队的业务经费和队员的社会保险、福利待遇。

第六十九条 鼓励单位和村民委员会、居民委员会建立志愿消防队等多种形式的消防组织,开展群众性自防自救工作。

第七十条 消防监管部门负责政府专职消防队管理使用,并将其纳入国家综合性消防救援队执勤体系;根据灭火救援、执勤训练等需要,可以调动单位专职消防队参与相关工作。

消防监管部门应当对专职消防队、志愿消防队进行培训指导。

第六章 灭火救援

第七十一条 市、区人民政府应当组织消防监管、交通、卫生健康、城市管理等有关部门制定火灾应急预案，明确火灾应急处置的组织指挥体系和部门职责、处置程序、人员疏散、保障措施等内容。

第七十二条 任何单位、个人都应当无偿为报告火警提供便利，不得阻拦报警。严禁谎报火警。

任何单位发生火灾，必须立即组织力量扑救。邻近单位应当给予支援。

国家综合性消防救援队接到火警，应当立即赶赴火灾现场，救助遇险人员，排除险情，扑灭火灾。

第七十三条 消防车在执行火灾扑救和应急救援任务时，可以使用警报器、标志灯具；在确保安全的前提下，不受行驶速度、行驶路线、行驶方向和指挥信号的限制，其他车辆和行人必须让行，不得穿插超越；发生紧急情况时，对阻碍消防车通行的障碍物和车辆可以实施拆除和强制让道；收费公路、桥梁免收车辆通行费。

公安机关交通管理部门应当采取必要的交通管制措施，保证执行火灾扑救和应急救援任务的消防车辆迅速通行。

第七十四条　消防监管部门统一组织和指挥火灾现场扑救，参与火灾扑救的单位和个人必须服从消防监管部门的统一指挥。

火灾现场总指挥有权根据扑救火灾的需要决定下列事项：

（一）使用各种水源；

（二）截断电力、可燃气体和可燃液体的输送，限制用火用电；

（三）划定警戒区，实行局部交通管制，疏散、清空警戒区内的人员、物资；

（四）利用临近建筑物和有关设施；

（五）为了抢救人员和重要物资，防止火势蔓延，拆除或者破损毗邻火灾现场的建筑物、构筑物或者设施等；

（六）调动供水、供电、供气、通信、医疗救护、交通运输、环境保护等有关单位协助灭火救援。

第七十五条　消防监管部门有权根据需要封闭火灾现场，负责调查火灾原因，统计火灾损失。

火灾扑灭后，起火单位和相关人员应当按照消防监管部门的要求保护现场，接受事故调查，如实提供火灾事实情况。任何单位和个人未经消防监管部门同意，不得进入、清理封闭的火灾现场。

消防监管部门根据火灾现场勘验、调查情况和有关的检验、鉴定意见，制作火灾事故认定书，作为处理火灾事故的证据。

第七十六条　对因参加扑救火灾或者应急救援受伤、致残或者死亡的人员，按照国家和本市有关规定给予医疗、抚恤。

第七十七条　单位专职消防队、志愿消防队参加扑救本单位以外的火灾所损耗的燃料、灭火剂和器材、装备等，由火灾发生地的区人民政府给予补偿。

第七十八条　发生下列重大灾害事故的，国家综合性消防救援队、专职消防队在市、区人民政府的统一领导下，按照国家规定开展以抢救遇险人员生命为主的应急救援工作：

（一）危险化学品泄漏事故；

（二）道路交通事故；

（三）地震及其次生灾害；

（四）建筑坍塌事故；

（五）爆炸及恐怖事件；

（六）市人民政府确定的其他重大灾害事故。

第七章　监督检查

第七十九条　市、区人民政府应当落实消防工作责任制，对本级人民政府有关部门履行消防安全职责的情况进行监督检查。

市、区人民政府有关部门应当根据本行业、领域的特点，有针对性地开展消防安全检查，督促有关单位制定常态化的火灾隐患排查治理措施，消除火灾隐患。

第八十条　消防监管部门应当根据本地区消防安全情况开展火灾风险监测、评估，完善火灾多发季节、重大节假日、重大活动期间的消防监督措施及消防安全重点单位抽查制度；制定年度消防监督检查计划，报本级人民政府批准后组织实施。年度消防监督检查计划应当包括检查主体、检查对象、检查方式、检查项目等内容。

消防监管部门应当定期分析本地区火灾形势，进行火灾预警提示，指导有关部门开展针对性消防安全检查。

第八十一条　消防监管部门进行消防安全监督检查可以行使下列职权：

（一）进入单位进行检查，调阅有关资料，向有关单位和人员了解情况。

（二）检查中发现能够即时排除的火灾隐患，责令立即排除；不及时消除隐患可能严重威胁公共安全的，依照规定对危险部位或者场所采取临时查封措施；重大火灾隐患排除前或者排除过程中无法保证安全的，责令从危险区域内撤出作业人员，责令暂时停产停业或者停止使用；重大火灾隐患排除后，经消防监管部门检查合格，方可恢复生产经营和使用。

（三）对有证据证明不符合保障消防安全的国家标准的设备、设施、器材予以查封或者扣押，并应当在十五日内依法作出处理决定。

（四）对检查中发现的消防安全违法行为，当场予以纠正或者责令限期改正；对应当给予行政处罚的行为，依法作出行政处罚决定。

第八十二条 对具有下列火灾隐患，不及时消除可能严重威胁公共安全的危险部位或者场所，消防监管部门可以依照有关规定予以临时查封：

（一）疏散通道、安全出口不能满足安全疏散需要的；

（二）建筑消防设施不具备防火灭火功能的；

（三）人员密集场所违反消防安全规定生产、经营、使用、储存易燃易爆危险品的；

（四）公众聚集场所违反消防技术标准，采用易燃、可燃材料装饰装修，可能导致重大人员伤亡的；

（五）其他可能严重威胁公共安全的火灾隐患。

第八十三条 对消防监督检查的结果，消防监管部门可以向社会公告；对检查发现的影响公共安全的火灾隐患应当定期公布，提示公众注意消防安全。

第八十四条 市消防监管部门应当制定消防领域优

化营商环境制度措施,建立健全分级分类监管机制,优化行政许可实施。

消防监管部门应当会同有关部门加强消防检查的协调衔接,减少重复多头检查;在消防安全领域推行非现场监管,提高检查的针对性和有效性。

第八十五条 规划和自然资源、住房城乡建设、消防监管部门应当优化消防审批协同机制。

住房城乡建设部门应当将经规划和自然资源部门审查合格的特殊建设工程消防设计文件及审查意见,以及涉及消防的建设工程竣工图纸,作为消防验收、备案和抽查的依据,按照图纸验收;消防监管部门应当将住房城乡建设部门的消防验收结果作为公众聚集场所投入使用、营业前消防安全检查的依据,不再检查消防验收内容。城市更新中既有建筑改造工程的消防设计审查验收,按照本市有关规定执行。

住房城乡建设部门办理消防验收可以会同消防监管部门同步实施公众聚集场所投入使用、营业前消防安全检查。具体办法由市住房城乡建设、消防监管部门制定。

消防设计审查,消防验收、备案和抽查,公众聚集场所投入使用、营业前消防安全检查,应当自受理之日起七个工作日内告知办理结果。

第八十六条 乡镇人民政府和街道办事处应当建立

健全本辖区消防安全检查制度，制定并及时调整本辖区单位名录，组织开展消防安全巡查检查和专项治理，督促火灾隐患整改。

第八十七条 消防监管部门在消防监督检查中发现城乡消防安全布局、公共消防设施不符合消防安全需要，或者发现本地区存在影响公共安全的重大火灾隐患的，应当由应急管理部门书面报告本级人民政府。

接到报告的人民政府应当及时核实情况，组织或者责成有关部门、单位在规定的期限内采取措施，予以整改。

第八十八条 消防监管部门实施消防监督检查时，检查人员不得少于两人，并应当出示执法证件。

消防监督检查人员应当填写检查记录，如实记录检查情况。

第八十九条 规划和自然资源、住房城乡建设、消防监管部门及其工作人员应当按照法定的职权和程序进行消防设计审查、消防验收、备案和抽查以及消防安全检查，做到公正、严格、文明、高效。

规划和自然资源、住房城乡建设、消防监管部门及其工作人员进行消防设计审查、消防验收、备案和抽查以及消防安全检查等，不得收取费用；不得利用职务谋取利益；不得利用职务为用户、建设单位指定或者变相指定消防产品的品牌、销售单位或者消防技术服务机构、消防设施施工单位。

第九十条 《中华人民共和国消防法》和本条例规定负有消防工作职责的各级人民政府、有关部门及其工作人员开展消防工作，应当自觉接受社会公众的监督。

任何单位和个人都有权对负有消防工作职责的各级人民政府、有关部门及其工作人员在执法中的违法行为进行检举、控告。收到检举、控告的机关，应当按照职责及时查处。

第八章 法律责任

第九十一条 对违反本条例的行为，《中华人民共和国消防法》和其他有关法律、行政法规已经规定法律责任的，依照法律、行政法规的规定处理。

第九十二条 单位消防控制室的值班人员有擅离职守等违反国家和本市消防控制室操作规程行为，或者单位未对本单位消防设备操作控制人员、专职和兼职防火人员等重点岗位的人员进行专项培训的，责令改正，可以处五百元以上五千元以下罚款。

第九十三条 住宅区的物业服务企业或者其他管理人违反本条例规定有下列行为之一的，责令改正，处五千元以上五万元以下罚款：

（一）未按照规定对管理区域内的共用消防设施、器材进行维护管理，造成消防设施、器材不能保持完好有效；

（二）划定和设置停车泊位及设施占用、堵塞消防车通道。

住宅区的物业服务企业或者其他管理人对占用、堵塞、封闭疏散通道、安全出口的行为未进行劝阻，或者未按照规定报告的，责令改正，处五百元以上一千元以下罚款。

住宅区的物业服务企业对占用、堵塞、封闭消防车通道的行为未进行劝阻，或者未按照规定报告的，由住房城乡建设部门按照本市物业管理的有关规定作出处罚。

第九十四条 建设工程的施工单位违反本条例规定，有下列行为之一的，责令改正，处警告或者二千元以上二万元以下罚款，对单位直接负责的主管人员和其他直接责任人员可以并处二百元以上二千元以下罚款：

（一）施工暂设和安全网、围网、施工保温材料不符合消防安全规范或者使用易燃、可燃材料；

（二）违反消防安全管理规定存放、保管、使用施工材料；

（三）在建设工程内设置宿舍；

（四）未设置临时消防车通道或者有在临时消防车通道上堆物、堆料等挤占临时消防车通道情形；

（五）未按照规定配置消防器材或者设置临时消防给水系统；

（六）使用不符合产品质量标准的临时用电设备和电线。

第九十五条 人员密集场所的经营管理人未在使用天然气、液化石油气的场所安装浓度检测报警装置的，由城市管理综合执法部门责令改正，可以处一万元以上三万元以下罚款。

第九十六条 违反本条例规定，有下列行为之一的，责令改正，可以处一万元以上三万元以下罚款：

（一）高层建筑、人防工程和普通地下室的管理使用人维修消防设施未采取有效替代措施；

（二）占用人防工程和普通地下室安全出口外的人员疏散场地；

（三）在人防工程和普通地下室内使用液化石油气；

（四）对共用的消防场地和设施，未明确统一的管理责任人；

（五）高层建筑未按规定进行带水运行测试；

（六）大型商业综合体商户经营区域和布局违反平面布置、防火分区、安全疏散等消防安全要求；

（七）违规占用医疗机构和养老、康复、托管等服务机构避难间。

在高层建筑、人防工程和普通地下室内生产、经营、储存易燃易爆危险品的，依法采取本条例规定的临时查封、扣押等措施，处五千元以上五万元以下罚款。

第九十七条 违反本条例规定停放电动自行车、为电动自行车充电，或者携带电动自行车、充电电池进入电梯轿厢的，责令改正；拒不改正的，对单位处二千元以上一万元以下罚款；对个人处五百元以上一千元以下罚款。

第九十八条 不可移动文物、历史建筑的管理使用人违反本条例规定，有下列行为之一的，责令改正，处五千元以上五万元以下罚款：

（一）未按照消防安全规定设置禁止烟火标志；

（二）在宗教场所进行点灯、烧纸、焚香等宗教活动，未采取有效防火措施；

（三）在保护范围内存放易燃可燃物品；

（四）未按照消防安全规定安装避雷设施、设置消防通道和消防供水。

第九十九条 食品生产加工、餐饮服务企业和有食堂的单位未按照有关规定对集烟罩、排油烟管道等集排油烟设施进行清洗的，责令改正，可以处一千元以上五千元以下罚款；造成火灾的，处一万元以上三万元以下罚款。

第一百条 消防技术服务机构未制定管理制度和服务质量规范，或者未通过信息管理系统真实、准确、完整记录服务情况的，责令改正，处二千元以上一万元以下罚款。

第一百零一条 消防监管部门应当按照规定将单位受到行政处罚或者行政强制的信息共享到本市公共信用信息平台，并依法向社会公布。

第一百零二条 个人违反有关规定，有下列行为之一的，责令改正，处警告或者五百元以下罚款：

（一）损坏、挪用或者擅自拆除、停用消防设施、器材；

（二）占用、堵塞、封闭疏散通道、安全出口或者其他妨碍安全疏散的行为；

（三）埋压、圈占、遮挡消火栓或者占用防火间距；

（四）占用、堵塞、封闭消防车通道，妨碍消防车通行。

第一百零三条 本条例设定的行政处罚，除另有规定外，由消防监管部门决定；根据实际需要，市人民政府可以决定将部分消防行政处罚权，交由乡镇人民政府和街道办事处行使。

第九章 附 则

第一百零四条 本条例自2025年5月1日起施行。